LE

SERVICE INTÉRIEUR

PAR

le Commandant Émile MANCEAU

PARIS

LIBRAIRIE MILITAIRE R. CHAPELOT ET Ce

IMPRIMEURS—ÉDITEURS

30, Rue et Passage Dauphine, 30

1906

LE
SERVICE INTÉRIEUR

PAR

le Commandant Émile MANCEAU

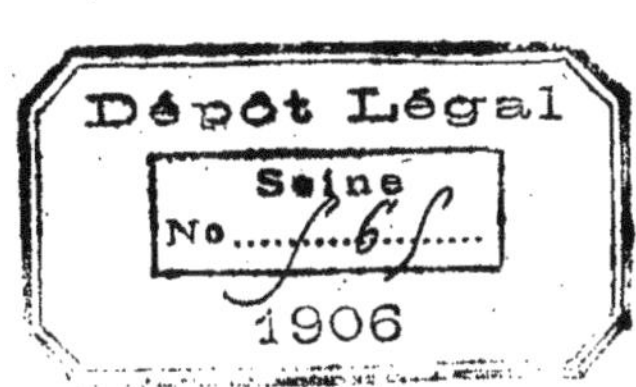

PARIS

LIBRAIRIE MILITAIRE R. CHAPELOT et Cᵉ

IMPRIMEURS-ÉDITEURS

30, Rue et Passage Dauphine, 30

—

1906

LE

SERVICE INTÉRIEUR

———

Le Ministre de la guerre vient de nommer une Commission qu'il a chargée de mettre le *Règlement* du 20 octobre 1892 *sur le Service intérieur des corps de troupe* en harmonie avec les nécessités actuelles, en tenant compte de la réduction de la durée du service, de la préparation presque exclusive des troupes à la guerre, ainsi que des autres conditions nouvelles en présence desquelles nous nous trouvons. Mais il a été spécifié que rien ne serait changé à la contexture du Règlement, à laquelle nos officiers sont habitués, et il est entendu que son esprit restera ce qu'il était.

Je voudrais montrer que cette contexture est vicieuse, que cet esprit est périlleux. Puis je dirai sous quelle forme et dans quelle mesure il y aurait lieu, à mon avis, de faire intervenir une réglementation.

I.

N'y a-t-il pas d'abord une erreur d'étiquette, et l'expression « service intérieur » peut-elle s'appliquer, par exemple, aux formes extérieures du respect, aux règles de correspondance, à la forme du salut, à la façon d'appeler les supérieurs de qui on parle ou à qui on parle ? N'est-il pas tout aussi déplacé de définir les devoirs des officiers de douanes ou des agents du Trésor, ceux des généraux (en matière de rétrogradation, par exemple,) ou ceux des intendants (en cas de litiges), dans un document qui, à en croire son titre, ne s'applique qu'aux corps de troupe ?

Reportez-vous à l'ordonnance royale du 13 mai 1818, rédigée par le maréchal Gouvion Saint-Cyr et de laquelle descend en filiation directe le décret du 20 octobre 1892. Vous n'y verrez aucune de ces fautes de composition, de cette intrusion incompréhensible de questions parasites et oiseuses.

Mais cette même ordonnance débute par un préambule que les éditions subséquentes se sont bien gardées de reproduire. Il importe de le relire pour se rendre compte de l'influence néfaste que devait exercer, qu'a exercée, cette étroite réglementation. Donc, le voici, tel qu'il figure en tête du paragraphe si connu (et qui a été conservé, lui), relatif aux *Principes généraux de la subordination* :

« Sa Majesté, considérant qu'il est du bien de son service que ses troupes soient *assujetties* à une discipline et à une police *uniformes* par des règlements qui, en *prévoyant et fixant tous les détails* pour chaque arme, ne permettent pas que rien soit *arbitraire* ou *indéterminé*, ni que ses officiers, en passant d'un corps à un autre, y trouvent *aucune différence dans la manière de servir*, a arrêté le présent règlement. »

Que les circonstances aient motivé cette conception, ce n'est pas douteux. L'armée était singulièrement hétérogène sous la Restauration. Elle était tiraillée entre la survivance des éléments napoléoniens et l'introduction d'éléments royalistes. Des militaires qui avaient fait la guerre — et avec quelle gloire ! — s'y trouvaient commandés par des chefs qui ne l'avaient point faite. Bref, il fallait y introduire des règles précises, minutieuses, asservissantes et tutélaires à la fois [1].

Mais, sans méconnaître ces nécessités historiques, on ne saurait se dissimuler que le résultat en a été funeste, puisqu'elles ont abouti à créer l'uniformité, la sujétion, la fixité de tous les

---

[1] Peut-être dira-t-on que la situation d'aujourd'hui est assez analogue à celle d'alors, puisque l'armée est devenue extrêmement hétérogène, se composant de professionnels et de non-professionnels, de militaires de l' « active » et de réservistes.

détails, l'interchangeabilité complète, c'est-à-dire tout ce qu'il y a de plus contraire au libre jeu des initiatives.

Aux habitudes contractées sous l'influence de ces idées, on peut attribuer, sans exagération, une bonne part de la passivité qui s'est introduite dans notre armée et dont nous avons constaté en 1870 l'influence nocive. Depuis qu'on s'en est rendu compte, on cherche à réagir, on vante l'initiative, on recommande de la développer, un peu à la façon des médecins qui vantent les vertus toniques des bons crûs et qui recommandent de boire du vieux bourgogne, oubliant que leur malade n'en a point ou qu'il ne possède pas les moyens de s'en procurer.

Allez donc dire de marcher à des hommes dont le pied est rivé à un anneau scellé au mur ! Engager les militaires à faire preuve d'indépendance et à agir librement, alors que le poids d'une réglementation étroite les accable, alors qu'ils sont habitués depuis leur entrée au service à un asservissement de tous les instants, c'est oublier les lois de la psychologie.

> Au joug depuis longtemps ils se sont façonnés,
> Ils adorent la main qui les tient enchaînés.

A force de courber la tête, on devient incapable de la relever. Il ne faut pas espérer qu'un signe suffira pour libérer des esprits longtemps comprimés. On a besoin d'apprendre à agir par soi-même, malgré qu'il n'y paraisse guère. L'initiative, tout comme l'obéissance, exige une initiation méthodique. Or, l'ordonnance de 1818 a commis le crime de tuer dans l'œuf cette faculté qu'on s'acharne à vouloir faire vivre. Elle a laissé dans nos mœurs des traces qui subsistent encore et que même des hommes de progrès ne songent pas à faire disparaître.

Il est urgent d'en finir avec ces dangereux errements. Certain ministre de l'instruction publique, tirant sa montre un mardi, sur le coup de 9 heures, disait triomphalement : « En ce moment, dans tous les lycées de France, tous les élèves de cinquième composent en version grecque ». On disait de ce grand maître de l'Université qu'il menait son corps enseignant comme un colonel : « militairement ».

Mais quelle signification se cache aujourd'hui sous cet adverbe ?

Un colonel peut conduire son régiment à la boucherie; son impéritie peut coûter 3,000 hommes à la France. Il est donc investi de pouvoirs considérables. Oui. Mais il ne peut pas charger le caporal-fourrier de recevoir le linge sale, parce que l'article 190 du Règlement attribue cette opération importante au caporal d'ordinaire.

Pareillement, c'est le samedi, avant midi, que, dans toutes les chambrées de tous les casernements de France et des colonies, on lave les planchers, on nettoie les vitres, on bat au grand air les couvertures et matelas, conformément à l'article 355.

Je sais bien qu'on en prend parfois à son aise avec des prescriptions aussi tatillonnes. On supprime le battage parce qu'il pleut, ou on recule le nettoyage à l'après-midi parce qu'on préfère employer à quelque exercice le beau temps de la matinée, ou on fait ramasser le linge sale par le garde-magasin parce que le caporal d'ordinaire est retenu à quelque corvée. Bref, on n'observe pas la lettre, sous prétexte de l'appliquer intelligemment.

On prend ainsi l'habitude d'éluder les prescriptions gênantes, dans la mesure où on peut compter sur la tolérance des chefs. Ce faisant, on énerve la discipline, et on en vient à cette idée de l'initiative que c'en est « le comble » de « prendre sur soi » la responsabilité d'une infraction au règlement. Autoriser un capitaine à infliger une punition pour mensonge, bien que cette faute ne soit pas comprise dans l'énumération de l'article 301, c'est une audace dont certains chefs de corps tirent quelque fierté : ils trouvent qu'ils ont, par cet acte, fait preuve d'indépendance et de courage.

Malheureusement il arrive que ce soit là le plus clair de ce qu'il y a de courage et d'indépendance en eux. Phénomène étrange, dont on connaît d'ailleurs d'autres exemples ! N'a-t-on pas souvent remarqué que tel est brave au feu qui est pusillanime dans son ménage ? que tel est un foudre de guerre qui ne sait pas prendre une décision ? On a pu dire de pareilles gens qu'ils ne savent pas ce qu'ils veulent, mais qu'ils le veulent bien.

Il est urgent de supprimer cet état d'esprit, et on n'y arrivera qu'en supprimant les causes par suite desquelles il se développe.

II.

Est-ce à dire qu'on puisse abroger purement et simplement le décret du 20 octobre 1892? Non : il contient des prescriptions indispensables, qu'il importe de conserver.

Mais, d'abord, elles sont de natures trop diverses et d'importances trop inégales pour figurer dans le même texte.

Voici, par exemple, des règles générales applicables à toute l'armée, aux officiers sans troupe comme aux autres : telle, la forme du salut. Bien que ce soit là un détail de cérémonial, on ne saurait le laisser indéterminé.

Admettriez-vous davantage que les formules de correspondance ou l'appellation des divers gradés pussent varier selon la région? Ces questions ont beau être secondaires, les nécessités propres de la vie militaire ne permettent pas de les laisser dans l'ombre et leur donnent un incontestable caractère de généralité.

Voici maintenant la franchise postale, voici les devoirs des vaguemestres, devoirs arrêtés de concert avec le Département du commerce (sous-secrétariat des Postes, Télégraphes et Téléphones); voici les droits au tabac de cantine, droits établis après entente avec le Ministère des finances (Contributions indirectes); voici une foule d'autres points encore qui doivent être portés à la connaissance de l'armée, et cela avec une précision extrême.

Il y a donc lieu de rédiger un recueil des obligations générales et des droits des militaires résultant, en particulier, de conventions conclues par l'Administration de la guerre (marchés passés avec la Société des lits militaires), d'arrangements diplomatiques (voyages à l'étranger), de lois (logement chez l'habitant), de documents de diverses origines (grande Chancellerie, Conseil supérieur de santé, etc.).

Ce recueil, ce serait, tout simplement, l'édition méthodique refondue du *Bulletin officiel,* car il n'y a pas lieu de mettre dans des formes différentes des renseignements du même ordre. Pourquoi, par exemple, l'introduction des punitions conditionnelles (sursis Bérenger) fait-elle l'objet d'une circulaire ministérielle (celle du 31 août dernier, insérée au *Bulletin officiel du Minis-*

tère de la guerre du 11 septembre), alors qu'elle modifie le décret présidentiel du 20 octobre 1892 ?

Mais le recueil dont je viens de parler ne suffit pas. Nous nous contentons de moins en moins de textes formels, impératifs, catégoriques. Notre rationalisme réclame des explications. Il veut savoir le pourquoi des choses. Aussi bien les livres sacrés eux-mêmes ont été commentés : le Talmud accompagne la Bible. Il nous faut aujourd'hui non pas seulement connaître notre devoir, mais nous renseigner sur ses causes premières. Pour faire respecter la consigne, que sert d'en répéter littéralement les termes, si on n'en comprend pas le sens ?

Assurément, on trouve dans la tradition des motifs suffisants d'agir, quand cette tradition existe. Ainsi j'admets fort bien qu'il soit inutile de définir, dans l'armée autrichienne ou dans l'armée prussienne ou même dans l'armée anglaise, les sentiments qui doivent animer le corps des officiers. Le mode même de recrutement de ce corps en garantit l'homogénéité et en fixe la mentalité. Chez nous, trop de variétés de classes et d'origines sont représentées dans les cadres de l'armée, trop d'aspirations différentes sollicitent les membres de la hiérarchie militaire, des révolutions trop violentes les ont secoués, pour qu'on puisse se dispenser de déterminer les conditions de leur loyalisme.

Il y a sous les drapeaux des citoyens que la loi y appelle, et c'est la loi qui doit énumérer leurs obligations et spécifier leurs prérogatives. A côté d'eux se trouvent des professionnels qui servent de leur plein gré, en vertu d'un contrat dont certaines stipulations sont explicites, mais dont certaines clauses sont tacites. Tant qu'on s'entendait sur la signification de ces dernières, il était inutile de préciser. Il y avait même avantage à ne pas le faire : *quieta non movere.* Mais le doute s'est élevé dans les esprits, un doute qu'il est urgent de dissiper. La publication d'un corps de doctrine s'impose donc.

Il conviendrait de le promulguer en publiant une *Instruction générale sur les Devoirs et les Droits des militaires.* Je dis bien : une Instruction, parce que cette forme comporte des éclaircissements qui n'ont point place dans un Règlement. Dans ce document figureraient les « principes généraux de la subordination » et les conseils, les réflexions d'ordre philosophique que soulève l'exercice du droit de punir et aussi du droit de récompenser, toutes parties qui se trouvent plus ou moins explicitement dans le décret du 20 octobre 1892, mais qui s'y trouvent dans un singulier pêle-mêle avec des détails de service intérieur. On y lit que « le colonel porte une attention particulière à l'état moral de ses subordonnés et s'applique à développer chez eux les sentiments de l'honneur et du dévouement à la Patrie ». A la ligne suivante, on voit qu'il « doit au général de brigade un rapport journalier (modèle I) ». De même, l'article 80 charge le capitaine « d'inspirer aux militaires de sa compagnie du zèle et de l'amour pour le service, et de développer en eux les sentiments du devoir, de l'honneur et du dévouement à la Patrie ». L'article 81 lui enjoint de faire établir tous les matins et de signer la situation-rapport (modèle VII) et la situation administrative.

Notons, en passant, que ni le chef de bataillon ni les officiers de peloton ne sont invités à participer à l'éducation morale dont le programme est tracé avec complaisance au chef de corps et aux commandants de compagnie. Leurs attributions longuement détaillées ne comportent rien de cet enseignement. Et ils sont dans une certaine mesure fondés à se plaindre soit d'être appelés à l'honneur de le donner, soit d'en être exclus.

On entend tous les jours des officiers maugréer contre les emplois qu'on leur confie : ils se considèrent comme victimes d'une déloyale transformation du contrat qui les lie au service de l'Etat. Entrés dans l'armée pour se battre contre l'ennemi du pays, ils ne s'attendaient pas à remplir certains offices d'une nature tout autre, à donner des leçons d'agriculture, à faire manutentionner des effets, à surveiller des écritures, que sais-je encore ?

L'heure est venue où il faut codifier le statut auquel doivent obéir les militaires. S'il est indispensable que, sur le champ de bataille, tout soldat connaisse le but de l'opération à laquelle il participe, combien n'est-il pas plus souhaitable encore — et, en même temps, plus facile — que, pendant la paix, tout membre de l'armée sache à quelle œuvre il est employé, dans quel sens il doit agir, vers quelles fins doivent tendre ses efforts ? N'est-il pas étrange qu'on réserve à deux grades, à l'exclusion des autres, cette haute direction des âmes qui appartient, en réalité, à tout chef ? Même le simple caporal doit l'exercer, s'il veut être un bon chef d'escouade. Il n'y a pas de commandement possible sans la coopération volontaire des inférieurs avec les supérieurs. Cette conception nouvelle ne mérite-t-elle pas d'être inscrite dans un document fondamental et qui soit destiné à demeurer ?

Il n'est pas moins nécessaire de montrer quelles sortes de relations doivent exister entre l'Armée et la Nation. Des événements récents ont prouvé qu'on n'est pas d'accord sur leur nature ; aussi nombre d'écrivains, plus ou moins autorisés, se sont-ils évertués à les définir. Mais ne conviendrait-il pas qu'une sanction officielle fût donnée aux formules établies par des individualités sans mandat ?

Certes, on ne peut se flatter de tout prévoir. Mais on peut et on doit donner des indications générales qui servent de guides. Quand on rédige un ordre, à la guerre, on commence par exposer la façon dont on envisage la situation ; puis on dit quelle est la conduite à tenir en face des diverses éventualités qui semblent devoir en découler. Il n'y a pas à procéder autrement dans la rédaction de l'Instruction dont il s'agit ici : fixer le but, laisser une grande liberté dans le choix des moyens.

Dites, si vous le pouvez, pourquoi vous n'autorisez que les réclamations individuelles ; dites pourquoi vous ne prévoyez les réclamations que si elles sont relatives à la qualité des effets ou à des punitions considérées comme injustes ou trop sévères, comme si on ne pouvait avoir à se plaindre d'abus d'autorité, de paroles injurieuses ou de l'insuffisance de l'alimentation !

Dites que c'est pour accomplir un acte d'urbanité que vous faites prendre la tenue du jour l'après-midi : c'est pour que les militaires ne se promènent pas mal habillés dans des rues tant soit peu fréquentées. Mais quelle est l'utilité de se faire beau dans un fort et de mettre à l'intérieur de la caserne des vêtements ou trop propres pour les besognes qu'on a à accomplir ou gênants pour les exercices qu'on doit exécuter ? Ne savons-nous pas que les officiers qui se produisent en spectacle au Concours hippique violent l'article 279 ? On tolère qu'ils se montrent en public dans une tenue irrégulière ; ce qu'on n'admettrait pas, ce serait qu'ils fussent malpropres ou inélégants. Prendre son sabre à partir de 1 heure, ce n'est pas le but : le but, c'est de faire honneur à l'armée et de ne pas se présenter en négligé aux heures où les oisifs ont fait toilette. Voilà ce qu'il suffirait de spécifier.

Et il suffirait d'interdire aussi les voies de fait, sans défendre aux instructeurs de toucher les hommes, ce qui est souvent très commode. Les meilleures leçons d'équitation que j'aie reçues m'ont été données par un élève de Baucher qui, en me tenant le poignet, me faisait sentir de quelle façon il fallait agir sur les rênes. On évite bien des discours superflus en plaçant une arme contre l'épaule ou un doigt contre la détente.

Quant à l'obligation de soumettre son crâne à la tondeuse, on a démontré ici même tout ce qu'elle avait d'illogique dans sa brutalité, et de déplaisant. Est-ce par raison d'hygiène et de simplicité qu'on l'a prise, au risque de donner à nos pauvres soldats déplumés un air singulièrement niais ? Alors, qu'on le dise. D'une façon générale, qu'on énonce le but à atteindre et qu'on s'en tienne là.

Veut-on, par exemple, fixer les attributions du commandement ? Il me semble qu'il y en a deux qui sont essentielles :

Le chef doit tracer à chacun de ses subordonnés le champ de son initiative : il doit en marquer avec soin les limites.

D'autre part, c'est à lui qu'il incombe de faire l'éducation de ses inférieurs immédiats. Le colonel est tenu d'enseigner aux chefs de bataillon ce qu'il attend d'eux ; son devoir est de se mettre en communion de pensée, en temps de paix, avec ceux qui seront sur le champ de bataille ses auxiliaires immédiats. Et ce que je dis là s'applique aux généraux par rapport aux colonels, comme aux chefs de bataillon par rapport aux capitaines.

Je répète que tout doit se ramener à une détermination de limites.

On veut que la préparation à la guerre soit la préoccupation principale du commandement ; mais, dans une certaine mesure, les parades du temps de paix y préparent, en mettant les âmes dans un état d'exaltation particulier.

On doit veiller au bien-être des troupes, mais en évitant d'amollir celles-ci par une exagération dictée souvent par un secret désir de popularité, plutôt que par un véritable sentiment de bienveillance. Il faut aguerrir les soldats, mais sans leur faire exécuter des tours de force.

Donc, multipliez les éclaircissements, et ne craignez pas de donner à votre œuvre un caractère philosophique.

Que de dissertations, en effet, soulève le service militaire !

Les soldats sont-ils vraiment fondés à se plaindre d'être employés dans les incendies ou les inondations, tandis que la population les regarde faire ? — « Est-ce à nous de travailler pour les habitants ? » pourraient-ils demander. Et on pourrait leur répondre qu'ils sont délégués par la Nation pour assurer sa sécurité, comme les Horaces et les Curiaces pour vider le différend de Rome et d'Albe. « Votre mandat vous oblige donc, conclurait-on, à intervenir quand l'ordre est troublé, de quelque façon qu'il le soit. »

Et j'ai vu des officiers qui ne s'amusaient point, eux, à philosopher là-dessus, à qui il suffisait de ne voir dans les graves cataclysmes qu'une occasion, meilleure encore que les grandes manœuvres, de développer les qualités militaires : courage, dévouement, sang-froid, esprit d'à-propos et de décision, obéissance aux ordres, discipline intelligente. Et, sans plus, ils estimaient qu'on aurait été bien mal inspiré en ne faisant pas profiter la troupe d'un exercice aussi utile.

Eh bien ! il faudrait que, de ces trois conceptions, il y en eût une qui reçût l'estampille officielle. L'Instruction que je réclame n'aurait pas d'objet plus important que de fixer les idées sur des questions de ce genre et d'instituer une orthodoxie.

Que d'autres points encore il y aurait à élucider ! Sans parler de la liberté de conscience à octroyer, du respect à accorder aux opinions religieuses, des facilités à donner pour l'exercice du culte (comment concilier l'observance des fêtes concordataires avec l'usage qui s'est introduit de ne pas tenir compte des jours fériés dans l'établissement des tableaux de marche?), sans parler de la considération qu'il convient d'avoir pour certaines situations de famille, on pourrait interdire aux militaires de recourir dans le service à leur fortune personnelle. On voit des officiers qui, de leur poche, comme on dit, allouent des prix, donnent des gratifications, améliorent l'ordinaire de leur troupe. Il en est qui sont choisis pour des missions dispendieuses, sans qu'ils soient désignés par autre chose que les rentes dont ils jouissent. Ne serait-il pas nécessaire de déclarer que ces pratiques sont incompatibles avec l'esprit d'une démocratie comme la nôtre ?

III.

On voit quelle sorte de commentaire il y aurait lieu, je crois, de faire. Il tiendrait en une trentaine de pages, qui constitueraient le Bréviaire de l'Armée. On y traiterait sobrement de l'art de commander et de l'art d'instruire. On y définirait l'initiative, vocable mystérieux qu'on emploie si fréquemment et qu'on me paraît comprendre bien peu. On y indiquerait dans quelle mesure le commandement peut disposer du personnel subordonné ; car, en vérité, on ne voit pas pourquoi, je le répète, on interdirait au chef de corps de régler à son idée la vie intérieure de son régiment. Pourquoi lui imposer que le service se fasse par semaine plutôt que par décade ? Pourquoi l'obliger à consacrer le samedi au nettoyage plutôt que le mercredi ? Pourquoi ne pas le laisser libre de profiter des circonstances favorables ?

Il n'y a qu'à fixer des limites à sa liberté. Elle ne peut être absolue. On ne saurait tolérer que, par brimade, il confie toujours aux mêmes hommes les corvées, ni que, par complaisance, il accorde toujours à d'autres toutes les faveurs.

Le roulement a ceci de bon qu'il met à l'abri de ces iniquités. Mais il est des postes où il y a des raisons pour ne point « rouler ». Ce sont ceux qui exigent des aptitudes spéciales et qui pourtant ne préparent pas à la guerre.

On peut être un excellent commandant de compagnie en campagne et n'avoir jamais pu professer un cours. Et personne ne s'avisera de faire passer tous les sergents par les fonctions de moniteur de boxe ou de bâton. Les employés permanents, par le fait même de la permanence de leur emploi, remplissent cet emploi d'une façon profitable à la collectivité. Pourquoi priver la compagnie des avantages qu'elle en retire, s'il n'en résulte aucun inconvénient, si la dignité de personne n'en souffre ?

Définir les attributions de chaque grade, établir un tour de rôle, soumettre les punitions à une tarification, c'est tuer l'initiative. Suppléant à la prévoyance des individus, la prévoyance du règlement permét à ceux-ci de ne rien faire. Appliquer une consigne immuable est une besogne plus vaine et tout aussi pénible que de s'en donner une à soi-même. Les prescriptions étroites et absolues favorisent la stagnation d'esprit. Posez les principes sans entrer dans la minutie des détails, et vous verrez tout le monde s'ingénier à régler pour le mieux les procédés d'exécution. Les cerveaux travailleront. Au lieu d'aspirer au repos[1], au lieu de considérer que la machine marche bien parce qu'on n'a pas à s'occuper d'elle, on comprendra que la force de l'armée tient exclusivement à l'activité de ses éléments, comme la force d'expansion d'un gaz tient au mouvement de ses molécules. Avec les règlements larges, avec l'incessant renouvellement résultant du service de deux ans, il sera impossible de rester dans la somnolence. On s'habituera à ne plus souhaiter le calme où l'on se complaît. Les natures prendront horreur du vide. Et c'est un grand bonheur.

Il faut occuper les facultés cérébrales, comme on occupe le corps, pour empêcher l'ankylose. Et, en même temps, il convient de n'imposer à l'esprit et aux membres que des efforts proportionnés à leur capacité de résistance.

Nous avons vu qu'il y a des degrés dans l'initiative. Il est indigne d'un haut personnage comme est le Ministre d'assigner son rôle au caporal d'ordinaire, question d'organisation domestique qui est, au contraire, du ressort du chef de corps. Et, également, le service des sentinelles peut être arrêté par le commandant d'armes, sans que l'autorité supérieure ait à s'en mêler. Il est essentiel que chacun étudie les questions qui le touchent et décide après examen. On n'a que trop de tendance à regarder plus haut que soi, parce qu'on ne peut pas regarder droit devant soi, comme le prescrit la théorie. Et les mêmes gens font évoluer des armées qui sont fort embarrassés pour résoudre le plus petit problème pratique, tel que d'organiser le blanchissage du linge ou d'assurer la police des chambrées.

A biffer toutes celles des prescriptions impératives qui ne sont pas indispensables, on trouve plusieurs avantages : outre qu'on secoue les torpeurs, outre qu'on charge chaque échelon de la hié-

---

[1] Le service de semaine, l'institution des capitaines instructeurs, sont des manifestations de ce goût pour le repos qui est le contraire de ce qui devrait caractériser des officiers.

rarchie d'une besogne qui est en rapport avec sa situation, on ne s'expose pas à demander plus qu'on ne peut obtenir, ce qui arrive lorsqu'on n'est pas au courant des circonstances locales et autres. Confucius disait qu'il ne faut pas s'écarter des lois, fût-ce de l'épaisseur d'un cheveu. Les règlements étroits sont condamnés à être fatalement violés. Mieux vaudrait qu'ils n'existassent point. On se rappelle la circulaire du général Thibaudin autorisant les officiers à se mettre en bourgeois pour cette raison qu'ils s'y mettaient, alors même qu'on leur en réitérait l'interdiction formelle. Quelle prime à l'indiscipline !

S'il ne faut pas demander le plus pour obtenir le moins, ainsi que le commandant Edmond Ferry l'établissait naguère d'une façon lumineuse, il ne faut pas davantage exiger l'impossible. On connaît le mot de ce colonel prussien, fier de l'immobilité marmoréenne de son régiment, et auquel le roi Guillaume montrait en souriant l'imperceptible déplacement des pointes des baïonnettes : « Ah ! Sire, je le sais bien ; mais je n'ai pas pu arriver à les empêcher de respirer, ces animaux-là ! » Oui, les militaires ont besoin de respirer. C'est en vain qu'on cherche à ravaler des êtres pensants à l'état de machines. Comprimer les cerveaux, ce n'est pas seulement tenter l'impossible, c'est commettre une maladresse. Pour employer un mot connu, c'est plus qu'un crime : c'est une faute.

Ce crime, cette faute, voici tantôt un siècle que nous en subissons les conséquences. Il est temps d'en finir avec le régime déprimant créé par l'ordonnance royale du 13 mai 1818. Qu'on élargisse le programme donné par le Ministre et qu'on rende à notre armée les moyens de mettre en jeu tout ce qu'il y a d'admirable en elle.

Paris. — Imprimerie R. Chapelot et Cᵉ, 2, rue Christine.